Sempé / Goscinny

L'univers du petit Nicolas

Textes choisis et annotés par
Carola Bogdahn-Kiepe

Ernst Klett Verlag
Stuttgart Düsseldorf Leipzig

Gedruckt auf Papier aus
chlorfrei gebleichtem Zellstoff,
säurefrei.

Dieses Werk folgt im Deutschen der reformierten Rechtschreibung und Zeichensetzung.

1. Auflage 1 9 8 7 6 | 2004 2003 2002 2001

Alle Drucke dieser Auflage können im Unterricht nebeneinander benutzt werden, sie sind untereinander unverändert.
Die letzte Zahl bezeichnet das Jahr dieses Druckes.

Internetadresse: http://www.klett-verlag.de

Satz: Hahn Medien GmbH, Kornwestheim.
Druck: W. Röck, Weinsberg. Printed in Germany.

ISBN 3-12-591470-1

Table des matières

Comment lire un livre en français sans dictionnaire

Vous apprenez le français depuis plusieurs années et vous avez constaté qu'il existe bien plus de mots que vous ne pourrez jamais en retenir. Mais ce n'est pas une raison pour vous décourager!

Si vous avez envie de lire un texte avec plaisir sans être toujours obligé de chercher les mots dans un dictionnaire, lisez attentivement les lignes suivantes.

1. La famille du mot
Un des moyens les plus simples de trouver le sens d'un mot de façon logique est de déterminer sa *famille,* c'est-à-dire sa *racine.*
Par exemple le verbe «grandir» (p. 14, l. 5) est de la famille de l'adjectif «grand» que vous connaissez déjà: «grandir» c'est devenir grand. Un autre exemple: «glissade» (p. 24, l. 4) vient du verbe «glisser»: c'est l'action qui consiste à glisser.

2. Mots identiques en allemand, en anglais, en latin
Vous pouvez parfois deviner le sens de mots français à partir de mots allemands, anglais ou latins que vous connaissez. Par exemple:
«la discipline» (p. 9, l. 20) – *Disziplin* (allemand)
«innocent» (p. 9. l. 18) – *innocent* (anglais), *innocens* (latin)
«la soupe» (p. 16, l. 9) – *Suppe* (allemand), *soup* (anglais)

3. Le contexte
C'est le moyen le plus sûr pour trouver la signification d'un mot. Lisez donc attentivement les mots placés avant et après le mot recherché.
Par exemple «ramasser» (p. 7, l. 10): Nicolas a cassé un vase, les morceaux sont tombés par terre, ils sont sur le tapis. Sa maman, avant d'aller dans la cuisine, . . . Qu'est-

ce qu'elle peut bien faire dans cette situation? Elle prend les morceaux du vase. «Ramasser quelque chose» signifie donc prendre quelque chose qui est tombé par terre.
Vous n'avez pas beson de comprendre chaque mot pour saisir le sens général d'une phrase ou d'un paragraphe. Si vous vous concentrez sur les mots que vous connaissez déjà et sur ceux qui sont expliqués au bas de la page vous pourrez facilement suivre le petit Nicolas dans ses aventures. Seuls sont expliqués les mots qui ne font pas partie du vocabulaire proposé dans *Echanges 1-2-3, édition longue,* et que vous ne pouvez vraiment pas comprendre sans aide.
Pour faciliter vos débuts nous avons marqué d'un numéro les mots que vous pouvez trouver par vous-mêmes d'après les méthodes indiquées:

[1] – les mots qu'on peut deviner à partir de leur famille.
[2] – les mots qu'on peut deviner à partir de mots semblables en allemand, en anglais ou en latin.
[3] – les mots qu'on peut deviner grâce au contexte.

Vous pouvez lire les histoires dans n'importe quel ordre. Les mots que vous ne pouvez pas comprendre sans aide sont expliqués de nouveau dans chaque histoire, à l'exception des mots suivants, qui se répètent souvent et qui appartiennent tous à la langue familière (dont on se sert dans la conversation courante, entre amis):

Le chouchou	le préféré (*parfois:* enfant gâté/trop aimé)
chouette	bon, beau ou bien
un coup	un peu
drôlement	très, beaucoup (*parfois:* absolument)
rigoler	rire
rigolo,te	amusant, drôle
des tas de	beaucoup de
terrible	très bon ou très beau, formidable

Notice biographique

René Goscinny
est né le 14 août 1926 à Paris. Il passe son enfance en Argentine et réussit brillamment son bac au collège français de Buenos Aires de même que ses trente-sept camarades . . . dont certains ne parlent pas français. Après son bac, il travaille dans une usine de caoutchouc, va aux Etats-Unis où il devient dessinateur dans une agence de publicité. En 1946 il rentre en France faire son service militaire puis retourne ensuite pour un court séjour aux Etats-Unis. A son retour en France, il abandonne le dessin et se met à écrire. En collaboration avec le dessinateur Uderzo, il invente les personnages d'Astérix et Obélix, connus entretemps dans le monde entier. Depuis 1961, 23 volumes d'Astérix ont été publiés à des millions d'exemplaires.

Avec Maurice Morris, Goscinny crée ensuite le cow-boy Lucky Luke, que les jeunes connaissent aussi bien qu'Astérix.

Le petit Nicolas est né de la collaboration entre le dessinateur Jean-Jacques Sempé et Goscinny.

Le petit Nicolas est presque aussi célèbre qu'Astérix, Obélix et Lucky Luke.

René Goscinny est mort en 1977.

Jean-Jacques Sempé
est né le 17 août 1932 à Bordeaux. Les études ne l'intéressent que de très loin, beaucoup moins que le dessin humoristique. A dix-neuf ans, il commence à dessiner et peu à peu ses dessins paraissent dans des magazines tels que *Paris-Match* et *L'Express.* Auteur de nombreux albums, Sempé est un des dessinateurs humoristiques français les plus connus.

Les aventures présentées dans ce petit livre sont extraites du volume *Les récrés du petit Nicolas* (1961).

Le vase rose du salon

J'étais à la maison, en train de jouer à la balle, quand, bing[3]! j'ai cassé le vase rose[2] du salon.

Maman est venue en courant et moi je me suis mis à pleurer.

– Nicolas! m'a dit Maman, tu sais qu'il est défendu de jouer à la balle dans la maison! Regarde ce que tu as fait: tu as cassé le vase rose du salon! Ton père y tenait beaucoup, à ce vase. Quand il viendra, tu lui avoueras ce que tu as fait, il te punira et ce sera une bonne leçon pour toi!

Maman a ramassé[3] les morceaux de vase qui étaient sur le tapis et elle est allée dans la cuisine. Moi, j'ai continué à pleurer, parce qu'avec Papa, le vase, ça va faire des histoires[3].

Papa est arrivé de son bureau, il s'est assis dans son fauteuil, il a ouvert son journal et il s'est mis à lire. Maman m'a appelé dans la cuisine et elle m'a dit:

– Eh bien? Tu lui as dit, à Papa, ce que tu as fait?

– Moi, je veux pas lui dire! j'ai expliqué, et j'ai pleuré un bon coup.

– Ah! Nicolas, tu sais que je n'aime pas ça, m'a dit Maman. Il faut avoir du courage dans la vie. Tu es un grand garçon, maintenant; tu vas aller dans le salon et tout avouer à Papa!

Chaque fois qu'on me dit que je suis un grand garçon, j'ai des ennuis, c'est vrai à la fin! Mais comme Maman n'avait pas l'air de rigoler, je suis allé dans le salon.

– Papa . . . j'ai dit.

5 **défendu,e** interdit (≠ permis) – 7 **tenir à qc** aimer beaucoup qc – 8 **avouer qc** dire/confesser qc – 11 **un tapis** Teppich – 18 **un bon coup** *ici: fam* beaucoup – 25 **des ennuis** *m* problèmes – **avoir l'air de** paraître

– Hmm? a dit Papa, qui a continué à lire son journal.

– J'ai cassé le vase rose du salon, j'ai dit très vite à Papa, et j'avais une grosse boule dans la gorge.

– Hmm? a dit Papa, c'est très bien, mon chéri[1], va jouer.

Je suis retourné dans la cuisine drôlement content, et Maman m'a demandé:

– Tu as parlé à Papa?

– Oui, maman, j'ai répondu.

– Et qu'est-ce qu'il t'a dit? m'a demandé Maman.

– Il m'a dit que c'était très bien, mon chéri, et que j'aille jouer, j'ai répondu.

Ça, ça ne lui a pas plu, à Maman. «Ça par exemple!» elle a dit, et puis elle est allée dans le salon.

– Alors, a dit Maman, c'est comme ça que tu fais l'éducation[2] du petit?

Papa a levé la tête de son journal l'air très étonné.

– Qu'est-ce que tu dis? il a demandé.

– Ah! non, je t'en prie, ne fais pas l'innocent[2], a dit Maman. Evidemment, tu préfères lire tranquillement ton journal, pendant que moi je m'occupe de la discipline[2]!

– J'aimerais en effet, a dit Papa, lire tranquillement mon journal, mais il semble que ce soit une chose impossible dans cette maison!

– Oh! bien sûr, Monsieur aime prendre ses aises! Les pantoufles[2], le journal, et à moi toutes les sales besognes! a crié Maman. Et après, tu t'étonneras[3] si ton fils devient un dévoyé!

12 **Ça par exemple!** *se dit pour exprimer l'étonnement ou la colère* – 19 **tranquille** calme – 22 **sembler** paraître – 24 **prendre ses aises** s'installer très confortablement sans s'occuper des autres – 25 **sales** *ici:* désagréable – **une besogne** travail difficile ou désagréable – 27 **dévoyé,e** qui est sorti du droit chemin en agissant contre la morale

– Mais enfin, a crié Papa, que veux-tu que je fasse? Que je fouette le gosse dès que j'entre dans la maison?

– Tu refuses tes responsabilités, a dit Maman, ta famille ne t'intéresse guère!

– Ça, par exemple! a crié Papa, moi qui travaille comme un forcené, qui supporte la mauvaise humeur de mon patron, qui me prive de bien des joies pour vous mettre, toi et Nicolas, à l'abri du besoin ...

– Je t'ai déjà dit de ne pas parler d'argent devant le petit! a dit Maman.

– On me rend fou dans cette maison! a crié Papa, mais ça va changer! Oh! la la! ça va changer!

2 **fouetter qn** jdn auspeitschen – **un/une gosse** *fam* enfant – **dès que** à partir du moment où – 3 **refuser qc** ≠ accepter qc – **une responsabilité** devoir – 4 **ne ... guère** ne ... pas beaucoup – 6 **forcené,e** fou, furieux – 7 **se priver de qc** renoncer à qc/ne pas se permettre qc – **bien des** beaucoup de – 8 **à l'abri de** protégé de – **le besoin** misère, pauvreté

– Ma mère m'avait prévenue, a dit Maman; j'aurais dû l'écouter!

– Ah! ta mère! Ça m'étonnait qu'elle ne soit pas encore arrivée dans la conversation, ta mère! a dit Papa.

– Laisse ma mère tranquille, a crié Maman! Je t'interdis de parler de ma mère!

– Mais ce n'est pas moi qui . . . a dit Papa, et on a sonné à la porte.

C'était M. Blédurt, notre voisin.

– J'étais venu voir si tu voulais faire une partie de dames[2], il a dit à Papa.

– Vous tombez bien, monsieur Blédurt, a dit Maman; vous allez être juge de la situation! Ne pensez-vous pas qu'un père doit prendre une part[3] active dans l'éducation de son fils?

– Qu'est-ce qu'il en sait? Il n'a pas d'enfants! a dit Papa.

– Ce n'est pas une raison, a dit Maman: les dentistes n'ont jamais mal aux dents[1], ça ne les empêche pas d'être dentistes!

– Et d'où as-tu sorti cette histoire que les dentistes n'ont jamais mal aux dents? a dit Papa; tu me fais rigoler! Et il s'est mis à rigoler.

– Vous voyez, vous voyez, monsieur Blédurt? Il se moque de moi! a crié Maman. Au lieu de s'occuper de son fils, il fait de l'esprit! Qu'en pensez-vous, monsieur Blédurt?

– Pour les dames, a dit M. Blédurt, c'est fichu. Je m'en vais.

1 **prévenir qn** annoncer un danger à qn – 12 **tomber bien** arriver au bon moment – 13 **un juge** *ici:* qn qui donne son opinion, qui décide qui a raison – 25 **faire de l'esprit** vouloir être amusant – 27 **fichu,e** *fam* verflixt

– Ah! non, a dit Maman; vous avez tenu à mettre votre grain de sel dans cette conversation, vous resterez jusqu'au bout[3]!

– Pas question, a dit Papa; cet imbécile que personne n'a sonné[3] n'a rien à faire ici! Qu'il retourne dans sa niche!

– Ecoutez . . . a dit M. Blédurt.

– Oh! vous, les hommes, tous pareils! a dit Maman. Vous vous tenez bien entre vous! Et puis vous feriez mieux de rentrer chez vous, plutôt que d'écouter aux portes de vos voisins!

– Eh bien, on jouera aux dames un autre jour, a dit M. Blédurt. Bonsoir. Au revoir, Nicolas!

Et M. Blédurt est parti.

Moi, je n'aime pas quand Papa et Maman se disputent, mais ce que j'aime bien, c'est quand ils se réconcilient[3]. Et là, ça n'a pas raté. Maman s'est mise à pleurer, alors Papa il a eu l'air embêté, il a dit: «Allons, allons, allons . . .» et puis il a embrassé Maman, il a dit qu'il était une grosse brute, et Maman a dit qu'elle avait eu tort, et Papa a dit que non, que c'était lui qui avait eu tort et ils se sont mis à rigoler, et ils se sont embrassés, et ils m'ont embrassé, et ils m'ont dit que tout ça c'était pour rire, et Maman a dit qu'elle allait faire des frites.

Le dîner a été très chouette, et tout le monde souriait drôlement et puis Papa a dit: «Tu sais, chérie[1], je crois que nous avons été un peu injustes[3] envers[1] ce bon Blédurt. Je

1 **mettre son grain de sel** *fam* participer à une conversation sans y avoir été prié – 4 **imbécile** idiot – 5 **une niche** *ici*: petite maison où couche un chien – 7 **pareil,le** semblable, le/la même – 14 **se disputer** se quereller/se combattre dans une conversation – 16 **ça n'a pas raté** c'était inévitable/prévisible – 17 **embêté,e** *ici:* malheureux – 18 **une brute** personne brutale, violente – 19 **avoir tort** ≠ avoir raison

vais lui téléphoner pour lui dire de venir prendre le café et jouer aux dames.»

M. Blédurt, quand il est venu, il se méfiait un peu. «Vous n'allez pas recommencer à vous disputer, au moins?» il a dit; mais Papa et Maman se sont mis à rigoler, ils l'ont pris chacun par un bras[3] et ils l'ont emmené dans le salon. Papa a mis le damier[1] sur la petite table, Maman a apporté le café et moi j'ai eu un canard.

Et puis, Papa a levé la tête, il a eu l'air tout étonné et il a dit: «Ça, par exemple! . . . Où est donc passé le vase rose du salon?»

3 **se méfier** ne pas avoir confiance, se tenir sur ses gardes – 8 **un canard** *ici:* morceau de sucre trempé dans du café

King

Avec Alceste, Eudes, Rufus, Clotaire et les copains, nous avons décidé d'aller à la pêche.

Il y a un square où nous allons jouer souvent, et dans le square il y a un chouette étang. Et dans l'étang, il y a des têtards[3]. Les têtards, ce sont des petites bêtes qui grandissent[1] et qui deviennent des grenouilles; c'est à l'école qu'on nous a appris[3] ça. Clotaire ne le savait pas, parce qu'il n'écoute pas souvent en classe, mais nous, on lui a expliqué.

A la maison, j'ai pris un bocal[3] à confitures vide, et je suis allé dans le square, en faisant bien attention que le gardien ne me voie pas. Le gardien du square, il a une grosse moustache, une canne, un sifflet à roulette comme celui du papa de Rufus, qui est agent de police, et il nous gronde souvent, parce qu'il y a des tas de choses qui sont défendues[3] dans le square: il ne faut pas marcher sur l'herbe, monter aux arbres, arracher[3] les fleurs, faire du vélo, jouer au football, jeter des papiers par terre et se battre. Mais on s'amuse bien quand même!

Eudes, Rufus et Clotaire étaient déjà au bord de l'étang avec leurs bocaux. Alceste est arrivé le dernier; il nous a expliqué qu'il n'avait pas trouvé de bocal vide et qu'il avait dû en vider[1] un. Il avait encore des tas de confiture sur la figure, Alceste; il était bien content. Comme le gardien n'était pas là, on s'est tout de suite mis à pêcher.

3 **un square** [skwar] petit jardin public – 4 **un étang** Teich – 5 **une bête** animal – 6 **une grenouille** Frosch – 13 **une moustache** Schnurrbart – **une canne** Spazierstock – **un sifflet à roulette** Trillerpfeife – 14 **gronder qn** jdn ausschimpfen – 22 **vide** ≠ plein – 24 **une figure** visage

C'est très difficile de pêcher des têtards! Il faut se mettre à plat[2] ventre[3] sur le bord de l'étang, plonger[3] le bocal dans l'eau et essayer d'attraper les têtards qui bougent et qui n'ont drôlement pas envie d'entrer dans les bocaux. Le premier qui a eu un têtard, ça a été Clotaire, et il était tout fier, parce qu'il n'est pas habitué[3] à être le premier de quoi que ce soit. Et puis, à la fin, on a tous eu notre têtard. C'est-à-dire qu'Alceste n'a pas réussi à en pêcher, mais Rufus, qui est un pêcheur terrible, en avait deux dans son bocal et il a donné le plus petit à Alceste.

– Et qu'est-ce qu'on va faire avec nos têtards? a demandé Clotaire.

– Ben, a répondu Rufus, on va les emmener chez nous, on va attendre qu'ils grandissent et qu'ils deviennent des grenouilles, et on va faire des courses. Ça sera rigolo!

– Et puis, a dit Eudes, les grenouilles, c'est pratique, ça monte par une petite échelle et ça vous dit le temps qu'il fera pour la course!

– Et puis, a dit Alceste, les cuisses de grenouille, avec de l'ail, c'est très très bon!

Et Alceste a regardé son têtard, en se passant la langue sur les lèvres.

Et puis on est partis en courant parce qu'on a vu le gardien du square qui arrivait. Dans la rue, en marchant, je voyais mon têtard dans le bocal, et il était très chouette: il bougeait beaucoup et j'étais sûr qu'il deviendrait une grenouille terrible, qui allait gagner toutes les courses. J'ai décidé de l'appeler King; c'est le nom d'un cheval[3] blanc

3 **bouger** faire des mouvements – 6 **fier, fière** très content de soi-même – 13 **Ben!** [bɛ̃] *pop* Eh bien! – 15 **une course** (Wett)Rennen – 17 **une échelle** Leiter – 19 **une cuisse** partie de la jambe – 20 **l'ail** [aj] *m* Knoblauch – 21 **la langue** Zunge – 22 **une lèvre** partie de la bouche

que j'ai vu jeudi dernier dans un film de cow-boys. C'était un cheval qui courait très vite et qui venait quand son cow-boy le sifflait. Moi, je lui apprendrai à faire des tours, à mon têtard, et quand il sera grenouille, il viendra quand je le sifflerai.

Quand je suis entré dans la maison, Maman m'a regardé et elle s'est mise à pousser des cris: «Mais regarde-moi dans quel état[3] tu t'es mis! Tu as de la boue partout, tu es trempé comme une soupe[2]! Qu'est-ce que tu as encore fabriqué?»

C'est vrai que je n'étais pas très propre, surtout que j'avais oublié de rouler les manches de ma chemise quand j'avais mis mes bras dans l'étang.

– Et ce bocal? a demandé Maman, qu'est-ce qu'il y a dans ce bocal?

– C'est King, j'ai dit à Maman en lui montrant mon têtard. Il va devenir grenouille, il viendra quand je le sifflerai, il nous dira le temps qu'il fait et il va gagner des courses!

Maman, elle a fait une tête avec le nez tout chiffonné.

– Quelle horreur! elle a crié, Maman. Combien de fois faut-il que je te dise de ne pas apporter des saletés dans la maison?

– C'est pas des saletés, j'ai dit, c'est propre comme tout, c'est tout le temps dans l'eau et je vais lui apprendre à faire des tours!

– Eh bien, voilà ton père, a dit Maman; nous allons voir ce qu'il en dit!

3 **siffler qn** jdn herbeipfeifen – **un tour** *ici:* action acrobatique/très difficile à faire – 8 **la boue** terre mouillée/chargée d'eau – 9 **trempé,e** tout mouillé – 11 **propre** sauber – 12 **une manche** partie du vêtement qui couvre le bras – 20 **la tête** *ici:* visage – **le nez** Nase – **chiffonné,e** kraus – 22 **une saleté** chose qui n'est pas propre/qui fait horreur

Et quand Papa a vu le bocal, il a dit: «Tiens! c'est un têtard», et il est allé s'asseoir dans le fauteuil pour lire son journal. Maman, elle, était toute fâchée.

– C'est tout ce que tu trouves à dire? elle a demandé à Papa. Je ne veux pas que cet enfant ramène toutes sortes[2] de sales[1] bêtes à la maison!

– Bah! a dit Papa, un têtard, ce n'est pas bien gênant . . .

– Eh bien, parfait[2], a dit Maman, parfait! Puisque je ne compte pas, je ne dis plus rien. Mais je vous préviens, c'est le têtard ou moi!

Et Maman est partie dans la cuisine.

Papa a fait un gros soupir et il a plié son journal.

– Je crois que nous n'avons pas le choix, Nicolas, il m'a dit. Il va falloir se débarrasser de cette bestiole.

Moi, je me suis mis à pleurer, j'ai dit que je ne voulais pas qu'on fasse du mal à King et qu'on était déjà drôlement copains tous les deux. Papa m'a pris dans ses bras[3]:

– Écoute, bonhomme, il m'a dit. Tu sais que ce petit têtard a une maman grenouille. Et la maman grenouille doit avoir beaucoup de peine[2] d'avoir perdu son enfant. Maman, elle ne serait pas contente si on t'emmenait dans un bocal. Pour les grenouilles, c'est la même chose. Alors, tu sais ce qu'on va faire? Nous allons partir tous les deux et nous allons remettre[1] le têtard où tu l'as pris, et puis tous les dimanches tu pourras aller le voir. Et en revenant à la maison, je t'achèterai une tablette[3] de chocolat.

Moi, j'ai réfléchi un coup et j'ai dit que bon, d'accord.

3 **fâché,e** en colère – 7 **gênant,e** qui dérange, qui cause du trouble – 9 **compter** [kõte] *ici:* être important – **prévenir qn** annoncer un danger à qn – 12 **un soupir** Seufzer – **plier qc** zusammenfalten – 14 **il va falloir** futur composé de *il faut* – **se débarrasser de qc** jeter qc dont on n'a plus besoin (≠ garder qc) – **une bestiole** petite bête – 18 **un bonhomme** *fam* homme; *ici:* petit garçon

Alors, Papa est allé dans la cuisine et il a dit à Maman, en rigolant, que nous avions décidé de la garder et de nous débarrasser du têtard.

Maman a rigolé aussi, elle m'a embrassé et elle a dit que pour ce soir, elle ferait du gâteau. J'étais très consolé.

Quand nous sommes arrivés dans le jardin, j'ai conduit Papa, qui tenait le bocal, vers le bord de l'étang. «C'est là» j'ai dit. Alors j'ai dit au revoir à King et Papa a versé[3] dans l'étang tout ce qu'il y avait dans le bocal.

Et puis nous nous sommes retournés pour partir et nous avons vu le gardien du square qui sortait de derrière un arbre avec des yeux ronds.[2]

– Je ne sais pas si vous êtes tous fous ou si c'est moi qui le deviens, a dit le gardien, mais vous êtes le septième bonhomme, y compris un agent de police, qui vient aujourd'hui jeter le contenu d'un bocal d'eau à cet endroit précis[2] de l'étang.

2 **garder qn/qc** ≠ renvoyer qn/jeter qc – 5 **consoler qn** calmer la peine de qn – 15 **y compris** ≠ à l'exception de (einschließlich) – 16 **le contenu de qc** ce qu'il y a dans qc

Le musée de peintures

Aujourd'hui, je suis très content, parce que la maîtresse emmène toute la classe au musée, pour voir des peintures. C'est drôlement amusant quand on sort tous ensemble, comme ça. C'est dommage que la maîtresse, qui est pourtant gentille, ne veuille pas le faire plus souvent.

Un car devait nous emmener de l'école au musée. Comme le car n'avait pas pu garer devant l'école, nous avons dû traverser la rue. Alors, la maîtresse nous a dit: «Mettez-vous en rangs[3] par deux et donnez-vous la main; et surtout, faites bien attention!» Moi, j'ai moins aimé ça, parce que j'étais à côté d'Alceste, mon ami qui est très gros et qui mange tout le temps, et ce n'est pas très agréable de lui donner la main. J'aime bien Alceste, mais il a toujours les mains grasses ou collantes, ça dépend ce qu'il mange. Aujourd'hui, j'ai eu de la chance: il avait les mains sèches. «Qu'est-ce que tu manges, Alceste?» je lui ai demandé. «Des biscuits secs», il m'a répondu, en m'envoyant plein de miettes à la figure.

Devant, à côté de la maîtresse, il y avait Agnan. C'est le premier de la classe et le chouchou de la maîtresse. Nous, on ne l'aime pas trop, mais on ne tape pas beaucoup dessus à cause de ses lunettes. «En avant, marche[2]!» a crié Agnan,

1 **la maîtresse** institutrice, femme professeur de l'école primaire – 2 **une peinture** Gemälde – 4 **c'est dommage** c'est regrettable – **pourtant** quand même – 6 **un car** autobus – 7 **garer** stationner, parquer – 14 **gras,se** fettig – **collant,e** klebrig – 15 **sec, sèche** trocken – 17 **plein de** *ici: fam* beaucoup de – 18 **une miette** tout petit morceau (de pain, de gâteau, etc.) – **la figure** visage – 21 **dessus** drauf – 22 **des lunettes** *f* Brille

et nous avons commencé à traverser, pendant qu'un agent de police arrêtait les autos pour nous laisser passer.

Tout d'un coup, Alceste a lâché ma main et il a dit qu'il revenait tout de suite, qu'il avait oublié des caramels[2] en classe. Alceste a commencé à traverser dans l'autre sens, au milieu des rangs, ce qui a fait un peu de désordre. «Où vas-tu, Alceste? a crié la maîtresse; reviens ici tout de suite!» «Oui: où vas-tu, Alceste, a dit Agnan, reviens ici tout de suite!» Eudes, ça ne lui a pas plu, ce qu'avait dit Agnan. Eudes est très fort et il aime bien donner des coups de poing sur le nez des gens. «De quoi te mêles-tu chouchou? Je vais te donner un coup de poing sur le nez», a dit Eudes en avançant sur Agnan. Agnan s'est mis derrière la maîtresse et il a dit qu'on ne devait pas le frapper[3], qu'il avait des lunettes. Alors Eudes, qui était dans les derniers rangs, parce qu'il est très grand, a bousculé tout le monde; il voulait aller trouver Agnan, lui enlever ses lunettes et lui donner un coup de poing sur le nez. «Eudes, retournez à votre place!» a crié la maîtresse. «C'est ça, Eudes, a dit Agnan, retournez à votre place!» «Je ne voudrais pas vous déranger, a dit l'agent de police, mais ça fait déjà un petit moment que j'arrête la circulation[3]; alors, si vous avez l'intention[2] de faire la classe sur le passage clouté, il faut me le dire; moi, je ferai passer les autos par l'école!» Nous, on aurait bien aimé voir ça, mais la maîtresse est devenue toute rouge, et de la façon dont elle nous a dit de monter

3 **lâcher qc** laisser tomber ou partir qc – 5 **le sens** [sɑ̃s] *ici:* direction – 6 **le désordre** confusion, désorganisation – 11 **un poing** [pwɛ̃] main fermée – **le nez** Nase – **se mêler de qc** s'occuper de qc – 16 **bousculer qn** pousser qn (pour avancer) – 21 **déranger qn** troubler/gêner qn – 23 **un passage clouté** partie de la rue où on traverse à pied et où les voitures doivent s'arrêter – 26 **une façon** manière, sorte

dans le car, on a compris que ce n'était pas le moment de rigoler. On a vite obéi.

Le car a démarré et, derrière, l'agent a fait signe aux autos qu'elles pouvaient passer, et puis, on a entendu des coups de freins et des cris. C'était Alceste qui traversait la rue en courant, avec son paquet de caramels à la main.

Finalement, Alceste est monté dans le car et nous avons pu partir pour de bon. Avant de tourner le coin[3] de la rue, j'ai vu l'agent de police qui jetait son bâton blanc par terre, au milieu des autos accrochées.

Nous sommes entrés dans le musée, bien en rang, bien sages, parce qu'on l'aime bien notre maîtresse, et nous avions remarqué[3] qu'elle avait l'air[3] très nerveuse[2], comme maman quand papa laisse tomber la cendre de ses cigarettes sur le tapis. On est entrés dans une grande salle, avec des tas et des tas de peintures accrochées aux murs. «Vous allez voir ici des tableaux exécutés par les grands maîtres[3] de l'école flamande», a expliqué la maîtresse. Elle n'a pas pu continuer très longtemps, parce qu'un gardien est arrivé en courant et en criant parce qu'Alceste avait passé le doigt sur un tableau pour voir si la peinture était encore fraîche. Le gardien a dit qu'il ne fallait pas toucher et il a commencé à discuter avec Alceste qui lui disait qu'on pouvait toucher puisque c'était bien sec et qu'on ne risquait pas de se salir. La maîtresse a dit à Alceste de se tenir tranquille et

2 **obéir (à qn)** faire ce que qn demande – 3 **démarrer** commencer à rouler – 5 **le frein** instrument qui sert à ralentir ou à arrêter la voiture – 8 **pour de bon** vraiment – 9 **un bâton** Stock – 10 **accrocher qc** fixer qc à une place; *pour une voiture:* entrer en collision avec qc – 12 **sage** calme et discipliné – 15 **un tapis** Teppich – 17 **exécuter qc** faire qc – 18 **flamand,e** (qui vient) de Flandre – 20 **un doigt** [dwa] partie de la main – 24 **puisque** [pɥiskə] parce que, comme – 25 **se salir** se rendre *sale* (schmutzig) – **tranquille** calme

Sempé

elle a promis au gardien de bien nous surveiller. Le gardien est parti en remuant la tête.

Pendant que la maîtresse continuait à expliquer, nous avons fait des glissades[1]; c'était chouette parce que par terre c'était du carrelage et ça glissait bien. On jouait tous, sauf la maîtresse qui nous tournait le dos et qui expliquait un tableau, et Agnan, qui était à côté d'elle et qui écoutait en prenant des notes. Alceste ne jouait pas non plus. Il était arrêté devant un petit tableau qui représentait[2] des poissons, des biftecks et des fruits. Alceste regardait le tableau en se passant la langue sur les lèvres.

Nous, on s'amusait bien et Eudes était formidable pour les glissades; il faisait presque la longueur[1] de la salle. Après les glissades, on a commencé une partie de saute-mouton, mais on a dû s'arrêter parce qu'Agnan s'est retourné et il a dit: «Regardez, mademoiselle, ils jouent!» Eudes s'est fâché et il est allé trouver Agnan qui avait enlevé ses lunettes pour les essuyer et qui ne l'a pas vu venir. Il n'a pas eu de chance, Agnan: s'il n'avait pas enlevé ses lunettes, il ne l'aurait pas reçu, le coup de poing sur le nez.

Le gardien est arrivé et il a demandé à la maîtresse si elle ne croyait pas qu'il valait mieux que nous partions. La maîtresse a dit que oui, qu'elle en avait assez.

Nous allions donc sortir du musée quand Alceste s'est approché du gardien. Il avait sous le bras[3] le petit tableau qui lui avait tellement plu, avec les poissons, les biftecks et

2 **remuer qc** bouger qc, faire des mouvements avec qc – 5 **le carrelage** Fliesenbelag – 6 **sauf** à l'exception de – 8 **prendre des notes** écrire les phrases et mots importants – **ne ... pas non plus** ≠ aussi – 10 **un bifteck** Beefsteak – 11 **la langue** Zunge – **une lèvre** partie de la bouche – 14 **saute-mouton** Bockspringen – 17 **se fâcher** se mettre en colère – 18 **essuyer qc** abwischen – 22 **valoir mieux** être mieux

les fruits, et il a dit qu'il voulait l'acheter. Il voulait savoir combien le gardien en demandait.

Quand on est sortis du musée, Geoffroy a dit à la maîtresse que puisqu'elle aime les peintures, elle pouvait venir chez lui, que son papa et sa maman en avaient une chouette collection[2] dont tout le monde parlait. La maîtresse s'est passé la main sur la figure et elle a dit qu'elle ne voulait plus jamais voir un tableau de sa vie, qu'elle ne voulait même pas qu'on lui parle de tableaux.

J'ai compris, alors, pourquoi la maîtresse n'avait pas l'air très contente de cette journée passée au musée avec la classe. Au fond, elle n'aime pas les peintures.

On a fait un test

Ce matin, on ne va pas à l'école, mais ce n'est pas chouette, parce qu'on doit aller au dispensaire se faire examiner[1], pour voir si on n'est pas malades et si on n'est pas fous. En classe, on nous avait donné à chacun un papier[2] que nous devions apporter à nos papas et à nos mamans, expliquant qu'on devait aller au dispensaire, avec nos certificats de vaccin, nos mamans et nos carnets scolaires. La maîtresse nous a dit qu'on nous ferait passer un «test[2]». Un test, c'est quand on vous fait faire des petits dessins pour voir si vous n'êtes pas fous.

Quand je suis arrivé au dispensaire avec ma maman, Rufus, Geoffroy, Eudes, Alceste étaient déjà là, et ils ne rigolaient pas. Il faut dire que les maisons des docteurs, moi, ça m'a toujours fait peur. C'est tout blanc et ça sent les médicaments[2]. Les copains étaient là avec leurs mamans, sauf Geoffroy, qui a un papa très riche, et qui est venu avec Albert, le chauffeur de son papa. Et puis, Clotaire, Maixent, Joachim et Agnan sont arrivés avec leurs mamans, et Agnan il faisait un drôle de bruit en pleurant. Une dame très gentille, habillée en blanc, a appelé les mamans et elle leur a pris les certificats de vaccin, et elle a dit que le docteur nous recevrait bientôt, qu'on ne s'impatiente pas. Nous, on n'était pas du tout impatients[1]. Les mamans ont commencé à parler entre elles et à nous passer

2 **un dispensaire** centre médical où on peut aller chez le médecin sans payer – 6 **un certificat de vaccin** [vaksɛ̃] Impfbescheinigung – 7 **un carnet scolaire** petit livre où sont inscrites les notes de l'élève – 14 **sentir qc** nach etw. riechen – 16 **sauf** à l'exception de – 20 **s'habiller** mettre des vêtements – 22 **s'impatienter** perdre *patience* (Geduld)

la main sur les cheveux en disant qu'on était drôlement mignons. Le chauffeur de Geoffroy est sorti frotter sa grosse voiture noire.

– Le mien, disait la maman de Rufus, j'ai toutes les peines du monde à le faire manger; il est très nerveux[2].

– Ce n'est pas comme le mien, a dit la maman d'Alceste, c'est quand il ne mange pas qu'il est nerveux.

– Moi, disait la maman de Clotaire, je trouve qu'on les fait trop travailler à l'école. C'est de la folie; le mien ne peut pas suivre. De mon temps . . .

– Oh! je ne sais pas, a dit la maman d'Agnan, le mien, chère madame, a beaucoup de facilité; ça dépend des enfants, bien sûr. Agnan, si tu ne cesses pas de pleurer, tu auras une fessée devant tout le monde!

– Il a peut-être de la facilité, chère madame, a répondu la maman de Clotaire, mais il semble que le pauvre petit n'est pas très équilibré, non?

La maman d'Agnan, ça ne lui a pas plu ce qu'avait dit la maman de Clotaire, mais avant qu'elle puisse répondre, la dame en blanc est venue, elle a dit qu'on allait commencer et qu'on nous déshabille[1]. Alors, Agnan a été malade. La maman d'Agnan s'est mise à crier, la maman de Clotaire a rigolé et le docteur est arrivé.

– Qu'est-ce qui se passe? a dit le docteur. Ces matinées d'examen scolaire, c'est toujours effroyable! Du calme[1], les

2 **mignon,ne** charmant – **frotter qc** *ici:* polir qc – 4 **avoir de la peine à faire qc** avoir des difficultés à faire qc – 9 **la folie** → fou, folle – 12 **la facilité** don de faire qc facilement – 13 **cesser (de faire) qc** arrêter (de faire) qc – 14 **une fessée** coups sur le derrière – 16 **sembler** paraître – 17 **équilibré,e** calme et en harmonie avec soi-même – 21 **être malade** *ici:* rendre par la bouche ce qu'on a mangé – 25 **un examen scolaire** *ici:* examen médical des élèves d'une école – **effroyable** terrible

enfants, ou je vous ferai punir par vos professeurs. Déshabillez-vous, et en vitesse!

On s'est déshabillés, et ça faisait un drôle d'effet[2] d'être là tout nus devant tout le monde. Chaque maman regardait les copains des autres mamans, et toutes les mamans faisaient la tête que fait Maman quand elle va acheter du poisson et elle dit au marchand que ce n'est pas frais.

– Bien, les enfants, a dit la dame en blanc, passez dans la pièce à côté; le docteur va vous examiner.

– Je ne veux pas quitter ma maman! a crié Agnan, qui n'était plus habillé qu'avec ses lunettes.

– Bon, a dit la dame en blanc. Madame, vous pouvez entrer avec lui, mais essayez de le calmer[1].

– Ah! pardon! a dit la maman de Clotaire, si cette dame peut entrer avec son fils, je ne vois pas pourquoi je ne pourrais pas entrer avec le mien!

– Et moi, je veux qu'Albert vienne aussi! a crié Geoffroy.

– Toi, t'es un dingue! a dit Eudes.

– Répète un peu, a dit Geoffroy; et Eudes lui a donné un coup de poing sur le nez.

– Albert! a crié Geoffroy, et le chauffeur est arrivé en courant, en même temps que le docteur.

– C'est incroyable[1]! a dit le docteur. Ça fait cinq minutes, il y en avait un qui était malade, maintenant il y en a un qui saigne du nez; ce n'est pas un dispensaire, c'est un champ de bataille!

la bataille

4 **nu,e** sans vêtements – 6 **la tête** *ici:* visage – 9 **une pièce** chambre, salle – 11 **des lunettes** *f* Brille – 18 **dingue** *fam* fou – 20 **un poing** [pwɛ̃] main fermée – **le nez** Nase – 25 **saigner** perdre du *sang* (Blut) – **un champ de bataille** terrain où des ennemis se battent

– Ouais, a dit Albert, je suis responsable de cet enfant, au même titre que de la voiture. J'aimerais les ramener tous les deux au patron sans égratignures. Compris?

Le docteur a regardé Albert, il a ouvert la bouche, il l'a refermée[1] et il nous a fait entrer dans son bureau[2], avec la maman d'Agnan.

Le docteur a commencé par nous peser.

– Allez, a dit le docteur, toi d'abord; et il a montré Alceste, qui a demandé qu'on lui laisse finir son petit pain au chocolat, puisqu'il n'avait plus de poches où le mettre. Le docteur a poussé un soupir, et puis il m'a fait monter sur la balance et il a grondé Joachim qui mettait le pied pour que j'aie l'air d'être plus lourd. Agnan ne voulait pas se peser, mais sa maman lui a promis des tas de cadeaux, alors Agnan y est allé en tremblant drôlement, et quand ça a été fini, il s'est jeté dans les bras[3] de sa maman en pleurant. Rufus et Clotaire ont voulu se peser ensemble pour rigoler, et pendant que le docteur était occupé à les gronder, Geoffroy a donné un coup de pied à Eudes pour se venger du coup de poing sur le nez. Le docteur s'est mis en colère, il a dit qu'il en avait assez, que si nous continuions à faire les guignols, il nous purgerait tous et qu'il aurait dû devenir avocat[2] comme son père le lui conseillait[3]. Après, le docteur nous a fait tirer la langue, il nous a écoutés dans la

1 **ouais** [wɛ] *fam* oui – **responsable de** qui doit s'occuper de – **au même titre que** aussi bien que – 3 **une égratignure** blessure légère à la surface de la peau (Schramme) – 11 **un soupir** Seufzer – 12 **une balance** instrument pour peser qc/qn – **gronder qn** jdn ausschimpfen – 13 **avoir l'air d'être** paraître – 15 **trembler** zittern – 19 **se venger de qn/qc** prendre sa revanche; punir qn qui nous fait du mal – 21 **faire le guignol** [giɲɔl] faire le clown – 22 **purger qn** jdm ein Abführmittel geben – 24 **tirer la langue** die Zunge herausstrecken

poitrine avec un appareil, et il nous a fait tousser et il a grondé Alceste à cause des miettes.

Ensuite, le docteur nous a fait asseoir à une table, il nous a donné du papier et des crayons et il nous a dit:

– Mes enfants, dessinez ce qui vous passe par la tête, et je vous préviens, le premier qui fera le singe recevra une fessée dont il se souviendra!

– Essayez et j'appelle Albert! a crié Geoffroy.

– Dessine! a crié le docteur.

On s'est mis au travail. Moi, j'ai dessiné un gâteau au chocolat; Alceste, un cassoulet toulousain. C'est lui qui me l'a dit, parce qu'on ne reconnaissait pas du premier coup. Agnan, il a dessiné la carte de France avec les départements et les chefs-lieux; Eudes et Maixent ont dessiné un cow-boy à cheval; Geoffroy a dessiné un château avec des tas d'autos[2] autour et il a écrit: «Ma maison»; Clotaire n'a rien dessiné du tout parce qu'il a dit qu'il n'avait pas été prévenu et qu'il n'avait rien préparé. Rufus, lui, il a dessiné Agnan tout nu et il a écrit: «Agnan est un chouchou». Agnan l'a vu et il s'est mis à pleurer et Eudes a crié: «M'sieur! Maixent a copié[2]!» C'était chouette, on parlait, on rigolait, Agnan pleurait, Eudes et Maixent se battaient, et puis les mamans sont venues avec Albert.

Quand nous sommes partis, le docteur était assis au bout[3] de la table, sans rien dire et en faisant de gros soupirs. La dame en blanc lui apportait un verre d'eau et des pilules[2], et le docteur dessinait des revolvers[2].

Il est fou, le docteur!

1 **la poitrine** Brust – **tousser** husten – 2 **une miette** tout petit morceau (de pain, de gâteau, etc.) – 4 **un crayon** Bleistift; Farbstift – 6 **prévenir qn** annoncer un danger à qn – **faire le singe** faire le clown – 11 **un cassoulet toulousain** Toulouser Bohneneintopf – 12 **du premier coup** tout de suite – 14 **un chef-lieu** [ʃɛfljø] capitale/ville principale d'un département – 15 **un cheval** Pferd

La distribution des prix

Le directeur a dit qu'il nous voyait partir avec des tas d'émotions[2] et qu'il était sûr qu'on partageait les émotions avec lui et qu'il nous souhaitait drôlement du plaisir pour les vacances, parce qu'à la rentrée ce ne serait plus le moment de rigoler, qu'il faudrait se mettre au travail, et la distribution des prix s'est terminée.

Ça a été une chouette distribution des prix. On était arrivés le matin à l'école, avec nos papas et nos mamans qui nous avaient habillés comme des guignols. On avait des costumes bleus, des chemises blanches en tissu qui brille comme la cravate[2] rouge et verte de Papa que Maman a achetée à Papa et que Papa ne porte pas pour ne pas la salir. Agnan – il est fou, Agnan – il portait des gants blancs et ça nous a fait tous rigoler, tous sauf Rufus qui nous a dit que son papa, qui est agent de police, en porte souvent, des gants blancs, et que ça n'a rien de drôle. On avait aussi les cheveux collés sur la ête – moi j'ai un épi – et puis les oreilles propres et les ongles coupés. On était terribles.

2 **partager qc avec qn** avoir qn en commun/ensemble avec qn – 3 **souhaiter qc à qn** désirer que qn ait qc – 4 **la rentrée** début des cours après les grandes vacances – 6 **la distribution** action de donner plusieurs choses à plusieurs personnes – 9 **habiller qn** mettre des vêtements à qn – **un guignol** [giɲɔl] Kasper – 10 **un costume** vêtement d'homme comprenant un pantalon et une veste – **un tissu** matière, étoffe – 13 **salir qc** rendre qc *sale* (schmutzig) – **un gant** vêtement qui couvre la main – 14 **sauf** à l'exception de – 17 **coller qc** fixer qc (*ici:* avec de la brillantine) – **un épi** *ici:* Haarwirbel – 18 **une oreille** organe avec lequel on entend les sons/les bruits – **propre** ≠ sale – **un ongle** Fingernagel

La distribution des prix, on l'avait attendue avec impatience[2], les copains et moi. Pas tellement à cause des prix; là, on était plutôt inquiets, mais surtout parce qu'après la distribution des prix, on ne va plus à l'école et c'est les vacances. Depuis des jours et des jours, à la maison, je demande à Papa si c'est bientôt les vacances et si je dois rester jusqu'au dernier jour à l'école parce que j'ai des copains qui sont déjà partis et que c'est pas juste et que, de toute façon on ne fait plus rien à l'école et que je suis très fatigué, et je pleure et Papa me dit de me taire et que je vais le rendre fou.

Des prix, il y en a eu pour tout le monde. Agnan, qui est le premier de la classe et le chouchou de la maîtresse, il a eu le prix d'arithmétique[2], le prix d'histoire[2], le prix de géographie[2], le prix de grammaire[2], le prix d'orthographe, le prix de sciences[2] et le prix de conduite. Il est fou Agnan. Eudes, qui est très fort et qui aime bien donner des coups de poing sur le nez des copains, il a eu le prix de gymnastique. Alceste, un gros copain qui mange tout le temps, a eu le prix d'assiduité; ça veut dire qu'il vient tout le temps à l'école et il le mérite, ce prix, parce que sa maman ne veut pas de lui dans la cuisine et si ce n'est pas pour rester dans la cuisine, Alceste aime autant venir à l'école. Geoffroy, celui qui a un papa très riche qui lui achète tout ce qu'il veut, a eu le prix de bonne tenue, parce qu'il est toujours

8 **juste** gerecht – **de toute façon** en tout cas (jedenfalls) – 13 **la maîtresse** institutrice, femme professeur de l'école primaire – 16 **la conduite** manière/façon d'agir; *ici:* bonne conduite, discipline – 18 **le poing** (pwɛ̃] main fermée – **le nez** Nase – **la gymnastique** sport – 20 **l'assiduité** *f* Pünktlichkeit/Fleiß – 21 **mériter qc** avoir (par sa conduite) le droit d'avoir qc – 22 **si ce n'est pas pour rester** s'il ne peut pas rester – 23 **aimer autant** préférer – 25 **la tenue** 1. conduite; 2. manière dont une personne est habillée

très bien habillé. Il y a des fois où il est arrivé en classe habillé en cow-boy, en Martien ou en Mousquetaire[2] et il était vraiment chouette. Rufus a eu le prix de dessin parce qu'il a eu une grosse boîte de crayons de couleur pour son anniversaire. Clotaire, qui est le dernier de la classe, a eu le prix de la camaraderie[1] et moi j'ai eu le prix d'éloquence. Mon papa était très content, mais il a eu l'air un peu déçu quand la maîtresse lui a expliqué que ce qu'on récompensait chez moi, ce n'était pas la qualité, mais la quantité. Il faudra que je demande à Papa ce que ça veut dire.

La maîtresse aussi a eu des prix. Chacun de nous lui a apporté un cadeau que nos papas et nos mamans ont acheté. Elle a eu quatorze stylos et huit poudriers, la maîtresse. Elle était drôlement contente; elle a dit qu'elle n'en avait jamais eu autant, même les autres années. Et puis, la maîtresse nous a embrassés, elle a dit qu'on devait bien faire nos devoirs de vacances, être sages, obéir à nos papas et à nos mamans, nous reposer, lui envoyer des cartes postales[1] et elle est partie. Nous sommes tous sortis de l'école et sur le trottoir les papas et les mamans ont commencé à parler entre eux. Ils disaient des tas de choses comme: «Le vôtre a bien travaillé» et «Le mien, il a été malade» et aussi «Le nôtre est paresseux, c'est dommage, parce qu'il a beaucoup de facilité», et puis «Moi, quand j'avais l'âge de ce petit crétin, j'étais tout le temps premier,

2 **un Martien** habitant de la planète Mars – 4 **un crayon de couleur** Farbstift – 6 **l'éloquence** *f* fait de parler facilement – 7 **avoir l'air déçu** enttäuscht aussehen – 8 **récompenser qn/qc** jdn./etw. belohnen – 9 **une quantité** (grand) nombre ou masse – 13 **un stylo** Füllfederhalter; Kugelschreiber – **un poudrier** Puderdose – 17 **sage** calme et discipliné – **obéir à qn** faire ce que qn dit – 18 **se reposer** s'arrêter de travailler quand on est fatigué – 23 **c'est dommage** c'est regrettable – 24 **la facilité** fait d'apprendre facilement qc – 25 **un crétin** idiot

mais maintenant, les enfants ne veulent plus s'intéresser aux études, c'est à cause de la télévision». Et puis, ils nous caressaient, ils nous donnaient des petites tapes sur la tête et ils s'essuyaient les mains à cause de la brillantine[2].

Tout le monde regardait Agnan, qui portait des tas de livres de prix dans ses bras et une couronne de lauriers autour de la tête; le directeur lui avait d'ailleurs demandé de ne pas s'endormir[1] dessus, sans doute parce que les lauriers doivent servir pour l'année prochaine et il ne faut pas les chiffonner; c'est un peu comme quand Maman me demande de ne pas marcher[2] sur les bégonias[2]. Le papa de Geoffroy offrait des gros cigares à tous les autres papas qui les gardaient pour plus tard et les mamans rigolaient beaucoup en racontant des choses que nous avions faites pendant l'année et ça nous a étonnés, parce que quand nous les avons faites, ces choses, les mamans elles ne rigolaient pas du tout, même qu'elles nous ont donné des claques.

Les copains et moi, on parlait des choses terribles qu'on allait faire en vacances et ça s'est gâté quand Clotaire nous a dit qu'il sauverait des gens qui se noyaient, comme il l'avait fait l'année dernière. Moi je lui ai dit qu'il était un menteur[1], parce que je l'ai vu à la piscine, Clotaire: il ne

3 **caresser qn** toucher qn légèrement et gentiment – **une tape** coup léger donné avec la main – 4 **essuyer qc** etw. abwischen – 6 **une couronne** ce que les rois portent sur la tête – **le laurier** Lorbeer – 8 **dessus** drauf – 9 **servir** *ici:* être employé – 10 **chiffonner qc** etw zerdrücken – 13 **garder qc** ≠ jeter qc (*ici:* ne pas le fumer) – 15 **étonner qn** surprendre qn, paraître étrange à qn – 17 **même que** *fam* et même – 18 **une claque** coup donné avec la main ouverte – 20 **se gâter** tourner mal (≠ réussir) – 21 **sauver qn** tirer qn d'un danger, empêcher la mort de qn – **se noyer** mourir dans l'eau – 23 **une piscine** bassin pour *nager* (schwimmen)

sait pas nager et ça doit être difficile de sauver quelqu'un en faisant la planche. Alors, Clotaire m'a donné un coup sur la tête avec le livre qu'il avait eu pour son prix de camaraderie. Ça, ça a fait rigoler Rufus et je lui ai donné une claque et il s'est mis à pleurer et à donner des coups de pied à Eudes. On a commencé à se bousculer les uns les autres, on rigolait bien, mais les papas et les mamans sont venus en courant, ils prenaient des mains dans le tas, ils tiraient et ils disaient qu'on était incorrigibles[1] et que c'était une honte. Et puis, les papas et les mamans ont pris chacun le copain qui leur appartenait et tout le monde est parti.

En allant à la maison, moi je me disais que c'était chouette, que l'école était finie, qu'il n'y aurait plus de leçons, plus de devoirs, plus de punitions[1], plus de récrés et que maintenant je n'allais plus voir mes copains pendant des tas de mois, qu'on allait plus faire les guignols ensemble et que j'allais me sentir drôlement seul.

– Alors, Nicolas, m'a dit Papa, tu ne dis rien? Les voilà enfin arrivées, ces fameuses vacances!

Alors, moi je me suis mis à pleurer et Papa a dit que j'allais le rendre fou.

2 **faire la planche** être dans l'eau sur le dos, sans nager – 6 **se bousculer** se pousser brutalement – 8 **un tas** Haufen – 9 **tirer** ziehen – 10 **une honte** ≠ un honneur – 15 **la récré** *fam* récréation – 20 **fameux,-se** dont on a déjà beaucoup parlé

Les boy-scouts

Les copains, on s'est cotisés pour acheter un cadeau à la maîtresse, parce que, demain, ça va être sa fête. D'abord, on a compté les sous. C'est Agnan, qui est le premier en arithmétique[2], qui a fait l'addition. On était contents, parce que Geoffroy avait apporté un gros billet de 5000 vieux francs; c'est son papa qui le lui a donné; son papa est très riche, et il lui donne tout ce qu'il veut.

«Nous avons 5207 francs, nous a dit Agnan. Avec ça, on va pouvoir acheter un beau cadeau.»

L'ennui, c'est qu'on ne savait pas quoi acheter. «On devrait offrir une boîte de bonbons[2] ou des tas de petits pains au chocolat», a dit Alceste, un gros copain qui mange tout le temps. Mais nous, on n'était pas d'accord, parce que si on achète quelque chose de bon à manger, on voudra tous y goûter et il n'en restera rien pour la maîtresse. «Mon papa a acheté un manteau en fourrure à ma maman, et ma maman était drôlement contente», nous a dit Geoffroy. Ça paraissait une bonne idée, mais Geoffroy nous a dit que ça devait coûter plus que 5207 francs, parce que sa maman était vraiment très, très contente. «Et si on lui achetait un livre?» a demandé Agnan. Ça nous a tous fait rigoler; il est fou, Agnan! «Un stylo?» a dit Eudes; mais Clotaire s'est fâché. Clotaire, c'est le dernier de la classe, et il a dit que ça

un scout [skut] – 1 **se cotiser** donner chacun de l'argent pour faire une dépense commune – 2 **la maîtresse** institutrice, femme professeur de l'école primaire – **la fête** *ici:* Namenstag – 3 **les sous** *m fam* l'argent – 5 **un vieux franc** *fam:* centime (0,01 F) – 10 **un ennui** problème – 15 **goûter à qc** manger un peu de qc pour essayer – 16 **un manteau** long vêtement qu'on porte quand il fait froid – **une fourrure** peau d'animal – 22 **un stylo** Füllfederhalter; Kugelschreiber – **se fâcher** se mettre en colère lui ferait mal que la maîtresse lui mette de mauvaises notes avec un stylo qu'il lui aurait payé. «Tout près de chez moi, a dit Rufus, il y a un magasin où on vend des cadeaux. Ils ont des choses terribles; là, on trouverait sûrement ce qu'il nous faut.» Ça, c'était une bonne idée, et on a décidé d'aller au magasin tous ensemble, à la sortie[1] de la classe.

Quand on est arrivés devant le magasin, on s'est mis à regarder dans la vitrine, et c'était formidable. Il y avait des tas de cadeaux terribles: des petites statues, des saladiers en verre avec des plis, des carafes comme celle dont on ne se sert jamais à la maison, des tas de fourchettes et de couteaux, et même des pendules. Ce qu'il y avait de plus beau, c'étaient les statues. Il y en avait une avec un monsieur en slip[2] qui essayait d'arrêter deux chevaux pas contents; une autre avec une dame qui tirait à l'arc; il n'y avait pas de corde à l'arc, mais c'était si bien fait qu'on aurait pu croire qu'il y en avait une. Cette statue allait bien avec celle d'un lion[2] qui avait une flèche dans le dos et qui traînait ses pattes de derrière. Il y avait aussi deux tigres[2], tout noirs, qui marchaient en faisant des grands pas, et des boy-scouts et des petits chiens et des éléphants[2] et un monsieur, dans le magasin, qui nous regardait et qui avait l'air méfiant.

Quand nous sommes entrés dans le magasin, le monsieur est venu vers nous, en faisant des tas de gestes[2] avec les mains.

10 **un pli** *ici:* ondulation – 12 **une pendule** appareil qui indique l'heure – 14 **un cheval** (*pl* **chevaux**) Pferd – 15 **tirer à l'arc** [ark] mit dem Bogen schießen – 18 **une flèche** long morceau de bois qu'on lance avec un arc – 19 **traîner qc** tirer qc après soi – **une patte** jambe d'un animal – 20 **un pas** mouvement des jambes pour avancer – 22 **avoir l'air ...** paraître ... – 23 **méfiant,e** qui n'a pas confiance (mißtrauisch)

– Allons, allons, il nous a dit, dehors! Ce n'est pas un endroit pour s'amuser, ici!

– On n'est pas venus pour rigoler, a dit Alceste; on est venus pour acheter un cadeau.

– Un cadeau pour la maîtresse, j'ai dit.

– On a des sous, a dit Geoffroy.

Et Agnan a sorti les 5207 francs de sa poche, et il les a mis sous le nez du monsieur, qui a dit:

– Bon, ça va; mais qu'on ne touche à rien.

– C'est combien, ça? a demandé Clotaire, en prenant deux chevaux sur le comptoir.

– Attention! Lâche ça. C'est fragile! a crié le monsieur, qui avait drôlement raison de se méfier, parce que Clotaire est très maladroit[3] et casse tout. Clotaire s'est vexé et il a remis la statue à sa place, et le monsieur a eu juste le temps de rattraper[1] un éléphant que Clotaire avait poussé avec le coude.

Nous, on regardait partout, et le monsieur courait dans le magasin en criant: «Non, non, ne touchez pas! Ça casse!» Moi, il me faisait de la peine, le monsieur. Ça doit être énervant de travailler dans un magasin où tout casse. Et puis, le monsieur nous a demandé de nous tenir tous en groupe[2] au milieu du magasin, les bras derrière le dos, et de lui dire ce qu'on voulait acheter.

«Qu'est-ce qu'on pourrait avoir de chouette pour 5207 francs?» a demandé Joachim. Le monsieur a regardé autour de lui, et puis il a sorti d'une vitrine deux boy-scouts

1 **Dehors!** Sortez d'ici! – 8 **le nez** Nase – 11 **un comptoir** table sur laquelle le vendeur reçoit l'argent – 12 **lâcher qc** ≠ tenir qc – **fragile** qui se casse facilement – 14 **se vexer** se mettre en colère – 17 **un coude** Ellbogen – 20 **faire de la peine à qn** jdm. leid tun – 21 **énervant,e** qui rend nerveux – 23 **un bras** Arm

Sempé

peints[1], on aurait dit qu'ils étaient vrais. Je n'avais rien vu d'aussi beau, même à la foire, au stand de tir.

«Vous pourriez avoir ceci pour 5000 francs, a dit le monsieur.

– C'est moins que ce que nous pensions mettre, a dit Agnan.

– Moi, a dit Clotaire, j'aime mieux les chevaux.»

Et Clotaire allait reprendre les chevaux sur le comptoir; mais le monsieur les a pris avant lui, et il les a gardés dans ses bras.

«Bon, il a dit le monsieur, vous les prenez, les boy-scouts, oui ou non?» Comme il n'avait pas l'air de rigoler, nous avons dit d'accord. Agnan lui a donné les 5000 francs, et nous sommes sortis avec les boy-scouts.

Dans la rue, on a commencé à discuter pour savoir qui allait garder le cadeau jusqu'à demain pour le donner à la maîtresse.

«Ce sera moi, a dit Geoffroy, c'est moi qui ai mis le plus d'argent.

– Je suis le premier de la classe, a dit Agnan, c'est moi qui donnerai le cadeau à la maîtresse.

– Tu n'est qu'un chouchou», a dit Rufus.

Agnan s'est mis à pleurer et à dire qu'il était très malheureux, mais il ne s'est pas roulé par terre, comme il le fait d'habitude, parce qu'il tenait les boy-scouts dans les mains et il ne voulait pas les casser. Pendant que Rufus, Eudes, Geoffroy et Joachim se battaient, moi j'ai eu l'idée de jouer à pile ou face pour savoir qui allait donner le cadeau. Ça a pris pas mal de temps, et on a perdu deux monnaies dans

2 **une foire** grand marché public – **le tir** → tirer (à l'arc/au revolver/etc.) – 9 **garder qc** continuer à tenir qc (≠ lâcher qc) – 25 **d'habitude** normalement – 27 **jouer à pile ou face** jeter une pièce de monnaie en l'air pour décider qc – 29 **pas mal de** *fam* beaucoup de

l'égout, et puis c'est Clotaire qui a gagné. Nous, on était très embêtés, parce qu'on avait peur qu'avec Clotaire, qui casse tout, le cadeau n'arrive pas jusqu'à la maîtresse. On a donné les deux boy-scouts à Clotaire, et Eudes lui a dit que, s'il les cassait, il lui donnerait des tas de coups de poing sur le nez. Clotaire a dit qu'il ferait attention, et il est parti chez lui en portant le cadeau, en marchant tout doucement et en tirant la langue. Nous, avec les 205 francs qui nous restaient, on a acheté des tas de petits pains au chocolat et on n'a pas eu faim pour dîner, et nos papas et nos mamans ont cru que nous étions malades.

Le lendemain, on est tous arrivés très inquiets à l'école, mais on a été contents quand on a vu Clotaire avec les boy-scouts dans les bras. «J'ai pas dormi cette nuit, nous a dit Clotaire; j'avais peur que la statue ne tombe de la table de nuit.»

En classe, je regardais Clotaire, qui surveillait le cadeau, qu'il avait mis sous son pupitre. J'étais drôlement jaloux, parce que, quand Clotaire lui donnerait le cadeau, la maîtresse serait contente et elle l'embrasserait, et Clotaire deviendrait tout rouge, parce qu'elle est très jolie, la maîtresse, quand elle est contente, presque aussi jolie que ma maman.

«Que caches-tu sous ton pupitre, Clotaire?» a demandé la maîtresse. Et puis elle s'est approchée du banc de Clotaire, l'air fâché. «Allons, a dit la maîtresse, donne!» Clotaire lui a donné le cadeau, la maîtresse l'a regardé et elle a dit: «Je vous ai déjà interdit d'apporter des horreurs à

1 **un égout** canalisation – 5 **un poing** [pwɛ̃] main fermée – 7 **doux, douce** ≠ violent, brutal – 8 **tirer la langue** die Zunge herausstrecken – 18 **un pupitre** table d'école – **jaloux,-se** fâché parce qu'un autre a plus de chance – 24 **cacher qc** ≠ montrer qc – 28 **une horreur** chose horrible

l'école! Je confisque[2] ceci jusqu'à la fin de la classe, et tu auras une punition[1]!»

Et puis, quand on a voulu se faire rembourser, on n'a pas pu, parce que, devant le magasin, Clotaire a glissé et les boy-scouts se sont cassés.

3 **rembourser qn** rendre à qn l'argent qu'on lui doit

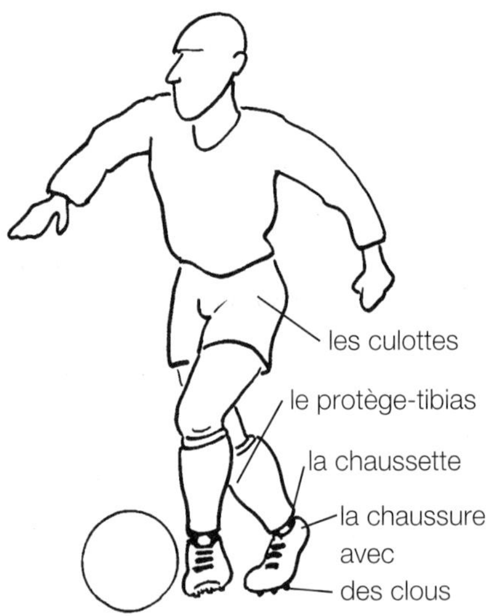

Le football

J'étais dans le terrain vague avec les copains: Eudes, Geoffroy, Alceste, Agnan, Rufus, Clotaire, Maixent et Joachim. Je ne sais pas si je vous ai déjà parlé de mes copains, mais je sais que je vous ai parlé du terrain vague. Il est terrible; il y a des boîtes de conserve[2], des pierres, des chats, des bouts de bois et une auto[2]. Une auto qui n'a pas de roues, mais avec laquelle on rigole bien: on fait «vroum vroum», on joue à l'autobus[2], à l'avion; c'est formidable!

Mais là, on n'était pas venus pour jouer avec l'auto. On était venus pour jouer au football. Alceste a un ballon et il nous le prête à condition[2] de faire le gardien de but*, parce qu'il n'aime pas courir. Geoffroy, qui a un papa très riche, était venu habillé en footballeur[1], avec une chemise rouge, blanche et bleue, des culottes* blanches avec une bande[2] rouge, des grosses chaussettes*, des protège-tibias* et des chaussures* terribles avec des clous* en dessous[1]. Et ce serait plutôt[3] les autres qui auraient besoin de protège-tibias, parce que Geoffroy, comme dit le monsieur de la radio, c'est un joueur rude. Surtout à cause des chaussures.

On avait décidé comment former[2] l'équipe. Alceste serait goal*, et comme arrières on aurait Eudes et Agnan. Avec Eudes, rien ne passe, parce qu'il est très fort et il fait peur; il est drôlement rude, lui aussi! Agnan, on l'a mis là pour qu'il ne gêne pas, et aussi parce qu'on n'ose pas le

Pour les mots avec des astérisques (*) voir les dessins page 44 et 46

1 **un terrain vague** un terrain non construit – 5 **un bout** *ici:* morceau – 6 **une roue** Rad – 11 **prêter qc à qn** donner qc à qn pour un certain temps – 13 **s'habiller** mettre des vêtements – 19 **rude** dur, violent – 24 **gêner** déranger (stören)

Une équipe de football

1 le gardien de but / le goal		
2 l'arrière droit 3 l'arrière gauche	les arrières	Verteidigung
4 l'arrière central 5 le demi droit 6 le demi gauche	les demis	Mittelfeld
7 l'inter droit 8 l'inter gauche 9 l'ailier droit 10 l'ailier gauche 11 l'avant centre	les avants	Stürmer

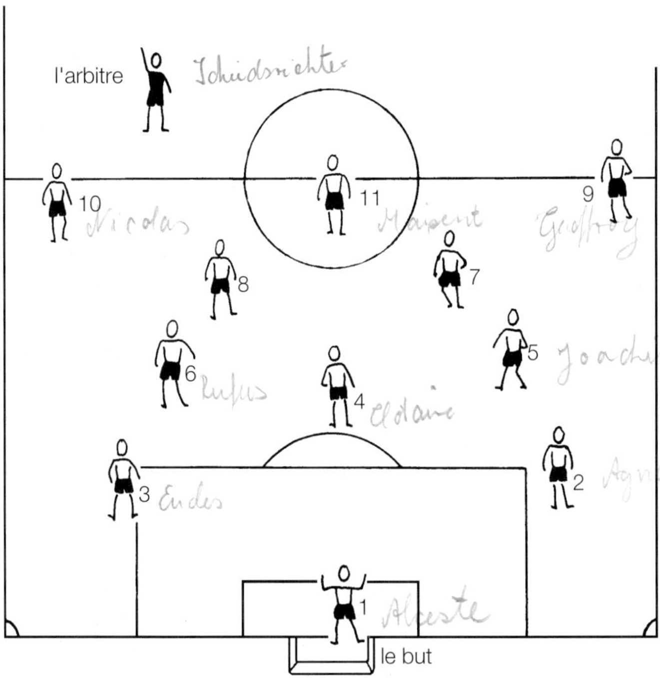

bousculer ni lui taper dessus: il a des lunettes et il pleure facilement. Les demis*, ce sera Rufus, Clotaire et Joachim. Eux, ils doivent nous servir des balles à nous, les avants*. Les avants, nous ne sommes que trois, parce qu'il n'y a pas assez de copains, mais nous sommes terribles: il y a Maixent, qui a de grandes jambes avec de gros genoux sales et qui court très vite; il y a moi qui ai un shoot[2] formidable, bing[3]! Et puis il y a Geoffroy avec ses chaussures.

On était drôlement contents d'avoir formé l'équipe.

– On y va? On y va? a crié Maixent.

– Une passe[2]! Une passe! a crié Joachim.

On rigolait bien, et puis Geoffroy a dit:

– Eh! les gars! contre qui on joue? Il faudrait une équipe adverse[3].

Et ça c'est vrai, il avait raison, Geoffroy: on a beau faire des passes avec le ballon, si on n'a pas de but* où l'envoyer, ce n'est pas drôle. Moi, j'ai proposé qu'on se sépare[3] en deux équipes, mais Clotaire a dit: «Diviser[2] l'équipe? Jamais!» Et puis, c'est comme quand on joue aux cow-boys, personne ne veut jouer les adversaires[1].

Et puis sont arrivés ceux de l'autre école. Nous, on ne les aime pas, ceux de l'autre école: ils sont tous bêtes. Souvent, ils viennent dans le terrain vague, et puis on se bat, parce que nous on dit que le terrain vague est à nous, et eux ils disent qu'il est à eux et ça fait des histoires[3]. Mais là, on était plutôt contents de les voir.

– Eh! les gars, j'ai dit, vous voulez jouer au football avec nous? On a un ballon.

– Jouer avec nous? Nous faites pas rigoler! a dit un maigre[2] avec des cheveux rouges, comme ceux de tante[2]

1 **bousculer qn** pousser qn brutalement – **dessus** drauf – **des lunettes** *f* Brille – 6 **un genou** Knie – **sale** schmutzig – 13 **un gars** [ga] *fam* garçon – 15 **on a beau faire qc** cela ne sert à rien de/cela n'a aucun sens de faire qc

Clarisse qui sont devenus rouges le mois dernier, et Maman m'a expliqué que c'est de la peinture qu'elle a fait mettre dessus chez le coiffeur.

– Et pourquoi ça te fait rigoler, imbécile? a demandé Rufus.

– C'est la gifle que je vais te donner qui va me faire rigoler! il a répondu celui qui avait les cheveux rouges.

– Et puis d'abord, a dit un grand avec des dents, sortez d'ici, le terrain vague est à nous!

Agnan voulait s'en aller, mais nous, on n'était pas d'accord.

– Non, monsieur, a dit Clotaire, le terrain vague il est à nous; mais ce qui se passe, c'est que vous avez peur de jouer au football avec nous. On a une équipe formidable!

– Fort minable! a dit le grand avec des dents, et ils se sont tous mis à rigoler, et moi aussi, parce que c'était amusant; et puis Eudes a donné un coup de poing sur le nez d'un petit qui ne disait rien. Mais comme le petit, c'était le frère du grand avec les dents, ça a fait des histoires.

– Recommence, pour voir, a dit le grand avec les dents à Eudes.

– T'es pas un peu fou? a demandé le petit, qui se tenait le nez, et Geoffroy a donné un coup de pied au maigre qui avait les cheveux de tante Clarisse.

On s'est tous battus, sauf Agnan, qui pleurait et qui criait: «Mes lunettes! J'ai des lunettes!» C'était très chouette, et puis Papa est arrivé.

3 **un coiffeur** homme qui coupe les cheveux – 4 **imbécile** idiot – 6 **une gifle** coup sur le visage donné avec la main ouverte – 8 **une dent** Zahn – 15 **fort** *ici:* très/beaucoup – **minable** *fam* misérable – 17 **le poing** [pwɛ̃] main fermée – 18 **le nez** Nase – 26 **sauf** à l'exception de

– On vous entend crier depuis la maison, bande[2] de petits sauvages! a crié Papa. Et toi, Nicolas, tu sais l'heure qu'il est?

Et puis Papa a pris par le col un gros bête avec qui je me donnais des claques.

– Lâchez-moi, criait le gros bête. Sinon, j'appelle mon papa à moi, qui est percepteur, et je lui dis de vous mettre des impôts terribles!

Papa a lâché le gros bête et il a dit:

– Bon, ça suffit comme ça! Il est tard, vos parents doivent s'inquiéter[1]. Et puis d'abord, pourquoi vous battez-vous? Vous ne pouvez pas vous amuser gentiment?

– On se bat, j'ai dit, parce qu'ils ont peur de jouer au football avec nous!

– Nous, peur? Nous, peur? Nous, peur? a crié le grand avec des dents.

– Eh bien! a dit Papa, si vous n'avez pas peur, pourquoi ne jouez-vous pas?

– Parce que ce sont des minables, voilà pourquoi, a dit le gros bête.

– Des minables? j'ai dit, avec une ligne[3] d'avants comme la nôtre: Maixent, moi et Geoffroy? Tu me fais rigoler.

– Geoffroy? a dit Papa. Moi je le verrais mieux comme arrière, je ne sais pas s'il est très rapide.

– Minute[3], a dit Geoffroy, j'ai les chaussures et je suis le mieux habillé alors . . .

– Et comme goal? a demandé Papa.

Alors, on lui a expliqué comment on avait formé l'équipe et Papa a dit que ce n'était pas mal, mais qu'il faudrait

2 **sauvage** *ici:* rude, brutal – 4 **un col** partie du vêtement qui entoure le cou – 5 **une claque** gifle – 6 **lâcher qn/qc** arrêter de tenir qn/qc – 7 **un percepteur** Finanzbeamter – 8 **un impôt** Steuer – 10 **suffire** être assez

qu'on s'entraîne et que lui il nous apprendrait parce qu'il avait failli être international (il jouait inter droit* au patronage Chantecler). Il l'aurait été s'il ne s'était pas marié[1]. Ça, je ne le savais pas; il est terrible, mon papa.

– Alors, a dit Papa à ceux de l'autre école, vous êtes d'accord pour jouer avec mon équipe, dimanche prochain? Je serai l'arbitre*.

– Mais non, ils sont pas d'accord, c'est des dégonflés, a crié Maixent.

– Non, monsieur, on n'est pas des dégonflés, a répondu celui qui avait des cheveux rouges, et pour dimanche c'est d'accord. A 3 heures . . . Qu'est-ce qu'on va vous mettre!

Et puis ils sont partis.

Papa est resté avec nous, et il a commencé à nous entraîner. Il a pris le ballon et il a mis un but à Alceste. Et puis il s'est mis dans les buts à la place d'Alceste, et c'est Alceste qui lui a mis un but. Alors Papa nous a montré comment il fallait faire des passes. Il a envoyé la balle, et il a dit: «A toi, Clotaire! Une passe!» Et la balle a tapé sur Agnan, qui a perdu ses lunettes et qui s'est mis à pleurer.

Et puis, Maman est arrivée.

– Mais enfin, elle a dit à Papa, qu'est-ce que tu fais-là? Je t'envoie chercher le petit, je ne te vois pas revenir et mon dîner refroidit[1]!

Alors, Papa est devenu tout rouge, il m'a pris par la main et il a dit: «Allons, Nicolas, rentrons!», et tous les copains ont crié: «A dimanche! Hourra pour le papa de Nicolas!»

1 **s'entraîner** faire des exercises pour apprendre qc ou pour se perfectionner – 2 **avoir failli faire qc** avoir presque fait qc – **un patronage** *ici:* foyer/groupe de jeunes – 3 **Chanteclerc** [ʃɑ̃təklɛr] nom du coq (Hahn) qui symbolise la France – 8 **dégonflé,e** *ici:* sans courage – 12 **mettre à qn** *fam* battre qn – 15 **mettre un but** lancer le ballon dans les buts

A table, Maman rigolait tout le temps, et pour demander le sel à Papa elle a dit: «Fais-moi une passe, Kopa!»

Les mamans, ça n'y comprend rien au sport, mais ça ne fait rien: dimanche prochain, ça va être terrible!

2 **Kopa** ancien joueur de football très connu

Questions

Le vase rose du salon

Avant la lecture du texte:
Imaginez l'histoire à partir du titre et des illustrations p. 8, 10 et 13.

a) Décrivez d'abord des illustrations.
b) Imaginez ensuite l'histoire: Qui pourraient être les personnages? Imaginez ce qu'ils disent et pensent.

Après la lecture du texte:

1. Trouvez pour chacune des trois illustrations un passage du texte qui pourrait lui servir de légende.
2. Comparez l'histoire que vous venez de lire avec celle que vous avez imaginée avant la lecture. Relevez les ressemblances et les différences.
3. Le malheur de Nicolas cause un petit drame de famille qui ne manque pas de comique.
   Nommez les trois actions de ce petit drame qui vous paraissent les plus comiques. Comparez votre choix avec celui de vos camarades de classe.
4. Quels reproches trouvez-vous typiques ou même stéréotypés dans la querelle entre les parents de Nicolas?
5. Quel est le rôle de Monsieur Blédurt, dans cette scène? Comment est-il traité et comment réagit-il?
6. Commentez la remarque du père à la fin de l'histoire.
7. Ecrivez, vous aussi, une petite scène de famille comique.

King

1. Alceste arrive au square le dernier. Que pensez-vous de son excuse? (Si vous connaissez déjà Alceste parce que

vous avez lu d'autres histoires: Pourquoi est-ce typique de sa part?)

2. Qu'est-ce que les garçons veulent faire avec leurs têtards? Commentez leurs différentes intentions (p. 15, l. 11 – p. 16, l. 5).
3. Décrivez la réaction des parents de Nicolas quand il apporte le têtard. Mettez en relief le contraste entre les différentes attitudes et expliquez le conflit.
4. Que pensez-vous de la tactique dont se sert le père pour résoudre ce conflit?
5. En quoi consiste le comique de la scène finale avec le gardien du square?
6. Un têtard comme animal domestique, c'est une idée étrange. Connaissez-vous des personnes qui ont à la maison des animaux généralement mal aimés ou bizarres? Racontez.
7. Quels animaux aimeriez-vous avoir chez vous? Pourquoi?

Le musée de peintures

1. Nicolas regrette que la maîtresse n'aille pas plus souvent au musée avec la classe. Imaginez ses raisons.
2. Qui est, d'après vous, le véritable coupable du désordre qui se crée au moment où la classe traverse le passage clouté? Pourquoi?
3. a) Comment trouvez-vous la remarque de l'agent de police au moment où la classe traverse le passage clouté?
   b) Imaginez d'autres remarques que l'agent de police aurait pu faire dans cette situation.
   c) Imaginez une maîtresse plus stricte et formulez la réponse qu'elle aurait pu donner à la remarque de l'agent de police.
4. Expliquez l'effet comique
   a) du malentendu dans le dialogue entre le gardien et Alceste à propos de la peinture,

b) de la scène où Alceste sort du musée, le petit tableau sous le bras.
5. Imaginez une visite de musée qui aurait intéressé Nicolas et ses copains.
6. Décrivez votre tableau favori.
7. Racontez une situation où vous êtes sortis avec toute la classe et votre professeur.
   a) Où êtes-vous allés?
   b) Relevez les différences et les parallèles entre votre sortie et celle de la classe de Nicolas.

On a fait un test

1. Regardez l'illustration au début du texte et décrivez la situation en répondant aux questions suivantes:
   a) Où se passe la scène?
   b) Qui est le monsieur et que fait-il?
   c) Que font les élèves?
   d) Reconnaissez-vous quelques élèves?
2. Nicolas donne sa propre explication du test médical (p. 27, l. 8: «un test, c'est . . .»).
   En réalité, pourquoi est-ce que le médecin fait parfois faire des dessin aux élèves?
3. Caractérisez la conversation des mères.
   a) De quoi parlent-elles?
   b) Trouvez des adjectifs qui caractérisent le ton de la conversation – au début et à la fin.
   c) Imaginez les raisons du changement de ton.
4. Retrouvez les situations où le docteur s'énerve.
   a) Expliquez les raisons de son énervement et décrivez sa réaction.
   b) A votre avis, pourquoi dessine-t-il des revolvers à la fin?
5. Répondez à la question a) si vous avez déjà lu d'autres histoires du petit Nicolas et de ses copains et si vous les connaissez bien. Sinon, répondez à la question b).

a) Relevez des phrases qui indiquent l'attitude typique de Nicolas, Joachim, Rufus, Clotaire, Agnan, Geoffroy, Eudes et Alceste pendant l'examen médical.
b) Caractérisez Joachim, Rufus, Clotaire, Agnan, Geoffroy, Eudes et Alceste d'après leur comportement pendant l'examen médical et les remarques de leurs mères.

6. Dites en quoi les dessins que font les copains de Nicolas sont typiques pour chacun d'entre eux.

La distribution des prix

1. Au cours de la cérémonie de la distribution des prix, Nicolas trouve l'apparence des copains importante.
   a) Dites en quoi leur apparence de ce jour-là est différente de celle des autres jours.
   b) Dites pourquoi les commentaires de Nicolas sont comiques.
2. Faites la liste des prix qu'on distribue aux élèves.
   En quoi les raisons que Nicolas donne pour la distribution des différents prix sont-elles comiques?
3. Nicolas et ses copains apportent des cadeaux à leur maîtresse.
   a) En quoi consiste le comique de ce passage?
   b) Si vous avez déjà lu «Les boys-scouts», comparez la situation de ces deux histoires.
4. Décrivez et commentez le comportement des parents devant l'école.
   Si vous avez lu «On a fait un test», comparez ce comportement avec le comportement des mères pendant l'examen médical.
5. Nicolas pense toujours aux vacances. Il les mentionne trois fois dans le texte, mais chaque fois d'un point de vue différent.
   a) Présentez les trois situations en relevant la différence des points de vue.
   b) Que représentent les vacances pour Nicolas?

c) Commentez la dernière phrase du texte concernant les vacances. A votre avis, est-elle en contradiction avec ce que Nicolas en dit auparavant?

6. Qu'est-ce que vous associez au mot «vacances»?
   a) Citez vos activités préférées pendant les vacances.
   b) Citez aussi les sentiments que vous inspirent les vacances.

Les boy-scouts

1. Ce récit est construit à la manière d'une petite pièce de théâtre. Quels pourraient en être les différents actes?
2. Les copains discutent différentes idées de cadeau pour la maîtresse.
   a) Nommez-les et dites ce que vous en pensez.
   b) Relevez dans le récit des commentaires qui montrent que ce sont des enfants qui parlent.
   c) Lequel des commentaires vous paraît le plus drôle? Pourquoi?
3. A votre avis, pourquoi le monsieur dans le magasin a-t-il l'air méfiant quand il voit le groupe d'élèves qui regardent la vitrine?
4. Inventez la conversation téléphonique du monsieur qui raconte à un ami la scène avec Nicolas et ses copains. L'ami lui pose des questions et fait des commentaires. Travaillez par deux après avoir décidé qui sera le monsieur et qui sera son ami.
5. L'histoire finit tristement. Imaginez une fin plus heureuse
   a) en remplaçant la réaction de la maîtresse à la fin par une réaction différente à laquelle les enfants peuvent réagir d'une autre façon ou
   b) en faisant choisir à Nicolas et à ses copains un autre cadeau pour la maîtresse.
6. Avez-vous déjà choisi un très mauvais – ou un très bon – cadeau pour quelqu'un? Racontez.